Mandalas yoga

Para alcanzar el bienestar

ALMA

ISBN: 978-84-10206-75-5
Depósito Legal: B-7057-2025
THEMA: VXM, WD

Impreso en UE / Printed in EU

Este libro contiene papel de color natural de alta calidad que no amarillea (deterioro por oxidación) con el paso del tiempo y está hecho de material proveniente de bosques certificados FSC® bien manejados y de otras fuentes controladas.

El papel de este libro proviene de bosques gestionados de manera sostenible.

Mandalas + yoga: la pareja perfecta

El yoga es la llave dorada que abre la puerta a la paz, la tranquilidad y la alegría.

B.K.S. Iyengar

Autoconocerse. Alcanzar la calma. Abrir la puerta a la espiritualidad. Podríamos estar enumerando los beneficios de los mandalas, pero también podríamos perfectamente referirnos a los que nos regala el yoga. Estas recompensas resultan comunes a ambas prácticas como lo son sus raíces, que se entrelazan con las del hinduismo y el budismo en el árbol de la sabiduría oriental. En este juego de las coincidencias no debemos pasar por alto que ambos términos proceden del sánscrito. *Mandala* se traduce como "círculo" y *yoga* significa "unión", la del cuerpo, la mente y el espíritu.

Hace más de cinco mil años nuestros antepasados ya disfrutaban de estas dos fórmulas magistrales para sosegar el ánimo, comprender la vida y trascender los problemas. ¿Y si pudiéramos sumar los beneficios del yoga a los que nos proporcionan los mandalas? Este es el objetivo de este libro. A lo largo de este prólogo brindaremos consejos para que la experiencia de colorear cada mandala nos abra una puerta secreta rumbo al estado que nos proporciona la práctica del yoga. Con el lápiz o pincel en mano, sin apenas darnos cuenta, podremos alcanzar momentos de yoga mental que multiplicarán los efectos terapéuticos de los mandalas.

Prepárate, porque el viaje está a punto de empezar.

Respira tu mandala

---

1 Respiración para conectar

Antes de empezar inspira profundo y despacio, contando hasta siete. Retén el aire durante tres segundos y suéltalo con suavidad contando hasta siete. Emplea esta respiración siempre que quieras conectar contigo mismo.

---

2 Respiración para momentos concretos

Si lo que haces requiere mucha precisión, es mejor aspirar el aire y soltarlo cuando dibujes. Si es un espacio amplio lo que quieres colorear, respira antes y espira mientras deslizas el lápiz o el pincel.

---

3 Respiración acompasada

Esta es la que deberías conseguir durante la mayoría del tiempo. Fíjate en los dibujos circulares y piensa que tu respiración es una rueda continua.

Los beneficios de los mandalas

"Medicina para el alma", así se conoce a los mandalas por los múltiples beneficios que nos aportan.

1 **Reducen el estrés**
Incluso los estudios científicos han demostrado su capacidad para orillar la ansiedad y disminuir los niveles de estrés.

2 **Despiertan la creatividad**
Colorear es volver a la infancia, donde aún no habíamos puesto límites a nuestra imaginación. Recuperar nuestra creatividad es tan beneficioso como placentero.

3 **Mejoran las funciones cognitivas**
Ejercitar la coordinación de la motricidad de las manos con las órdenes del cerebro es una tarea muy recomendable para el cerebro.

4 **Aumentan la concentración**
Abandonar el modo *multitasking* y concentrarse en una sola cosa entrena, sin lugar a duda, nuestra capacidad de concentración.

5 **Colores medicinales**
Los colores desprenden una energía que puede variar nuestro estado de ánimo, como veremos más adelante.

6 **Solución de problemas**
La práctica continuada de colorear mandalas ayuda a nuestro cerebro a estimular áreas que después serán útiles para resolver problemas de forma más creativa.

Los beneficios del yoga mental

La meditación, la respiración y la visualización ayudarán a alcanzar esos momentos de yoga mental. Es importante relajarse y no ponerse presión. No es algo "que tengas que hacer", es algo que ocurre cuando te abstraes de las preocupaciones.

1 **Gran serenidad**
Es algo que sientes en el momento, pero también perdura una vez ha acabado. Esta sensación se prolongará más cuanto más se practique.

2 **Aumenta la memoria**
La práctica habitual del yoga mental aumenta el grosor de la corteza prefrontal y ello contribuye a mejorar la memoria y la atención.

3 **Mejora el sueño**
Menos insomnio, menos despertares nocturnos y mayor calidad del sueño. Esto es lo que se logra al reducir la hiperactividad del sistema nervioso mediante el yoga mental.

4 **Regulación emocional**
El yoga mental ayuda a controlar los sentimientos para evitar que estos nos controlen a nosotros.

5 **Más neuroplasticidad**
La práctica continuada del yoga mental puede inducir cambios en el hipotálamo, que se traducirán en nuevos abordajes para los problemas que nos plantee la vida.

6 **Fortalecimiento del sistema inmunológico**
Esta práctica puede aumentar nuestras defensas y sobre todo puede ayudar a reducir la incidencia de las enfermedades inflamatorias.

Un poco de historia

El Mandala representa un esquema de orden, que en cierta medida se superpone al caos psíquico, de modo que el conjunto se mantiene unido por medio del círculo que ayuda y protege.

Carl Gustav Jung

Tanto el yoga como los mandalas nacieron en la India, en el seno del hinduismo, y viajaron por todas las épocas y países conservando intacto su poder y su esencia como herramienta de meditación.

Curiosamente, los mandalas han formado parte de todas las civilizaciones. En el Antiguo Egipto ornamentaban las casas para ahuyentar las energías negativas, en China invocaban la prosperidad, en la Cábala hebrea encarnaban la unión del individuo con lo divino, los rosetones de las catedrales heredaron su diseño y los calendarios aztecas se inspiraron en su simetría circular. Incluso los curanderos navajos los empleaban para sanar a los enfermos.

¿Por qué aparecen los mandalas en todas las culturas? Eso se preguntó el psicólogo Carl Gustav Jung (1875-1961) y concluyó que eran una herramienta de la psique para autorregularse. Él mismo los usaba cada día y fue el primero en otorgarles un poder terapéutico, que probó con sus pacientes.

El yoga también ha encontrado en el ajetreado Occidente del siglo XXI una finalidad terapéutica. La regulación de la respiración se ha mostrado como una potente herramienta para cuidar de nuestra salud física y mental. Ya en la Grecia Clásica, Hipócrates, padre de la medicina, recomendaba la *anapnoé*, una respiración consciente que equilibraba los humores del cuerpo. En China, la práctica del *chi kung* combina ejercicio suave con respiración. El sufismo islámico también recomienda la práctica del *dhikr*: la invocación de los hombres de Dios combinada con respiración profunda.

Tras este largo viaje en el tiempo, han llegado hasta nuestros días los mandalas y el yoga, dos regalos con un poder transformador.

Guía para combinar colores

La gracia del mandala es combinar los colores, por lo que antes de empezar te ofrecemos algunas sugerencias que te pueden inspirar.

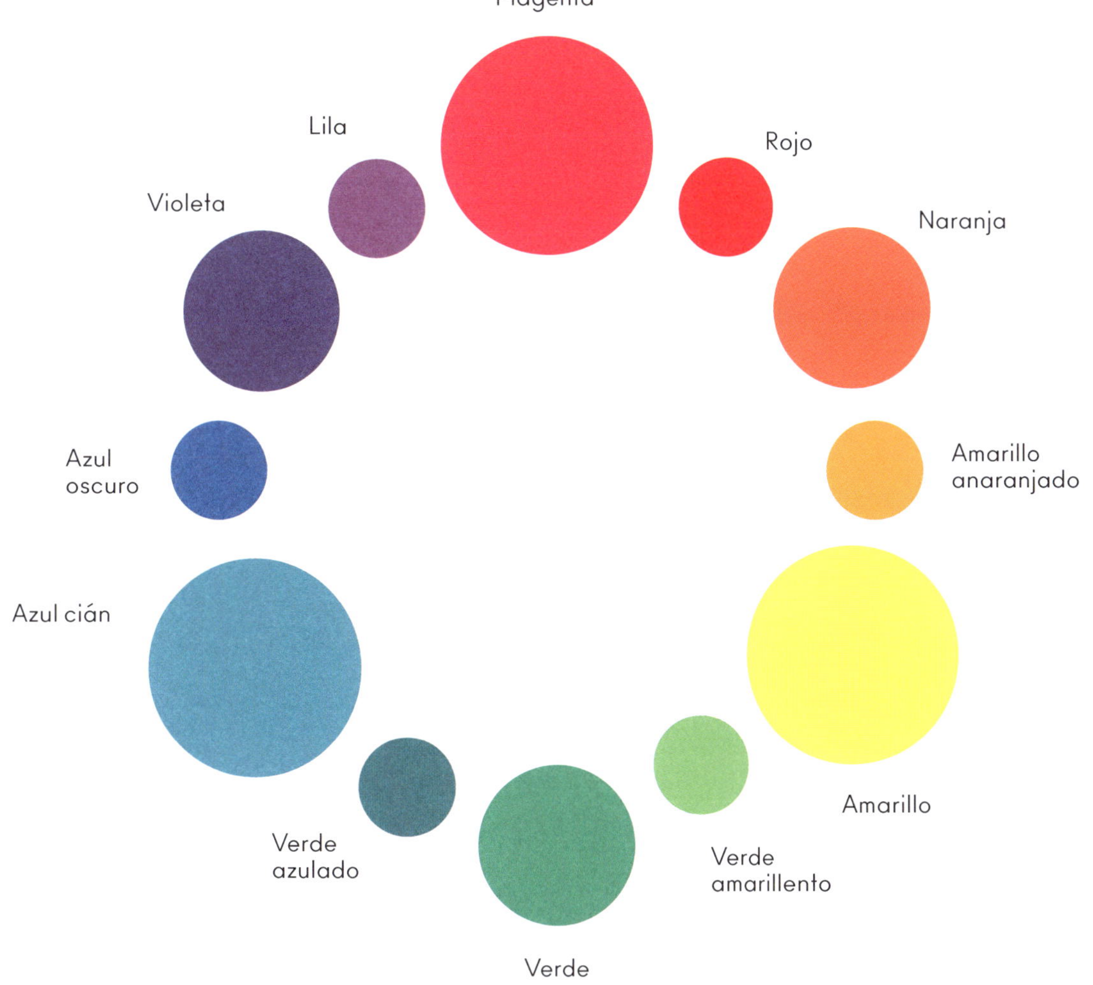

Colores primarios

Son amarillo, azul y rojo. Son los que no se pueden obtener mezclando otros colores.

Truco: Ten a mano siempre estos tres colores a partir de los cuales podrás conseguir todos los demás.

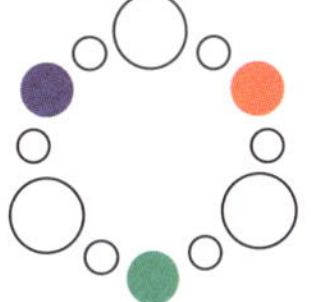

Colores secundarios

Se obtienen mezclando dos colores primarios en la misma proporción y son: verde (amarillo + azul), naranja (rojo + amarillo) y violeta (rojo + azul).

Truco: Puedes jugar a mezclarlos en diferentes proporciones para conseguir tonos muy personales.

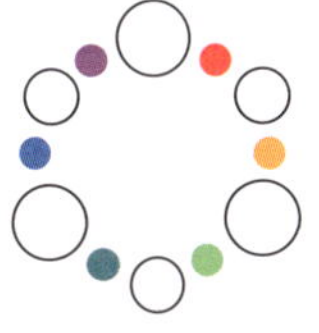

Colores terciarios

Son el resultado de la mezcla de un color primario con un color secundario. Por ejemplo: si al azul le añades verde, obtendrás un azul turquesa o, si al verde le añades amarillo, conseguirás un verde caqui.

Truco: Escoge sin pensar demasiado un color primario y un color secundario que te gusten y juega a descubrir la tonalidad que saldrá de su mezcla.

Colores complementarios

Son dos colores que se sitúan en el lado opuesto del círculo cromático. Por ejemplo: el naranja y el azul, o el amarillo y el violeta.

Truco: Empléalos cuando quieras crear contraste y que los dos colores luzcan con intensidad.

Colores análogos

Son los que están más cercanos en el círculo cromático. Por ejemplo: amarillo, amarillo verdoso, verde o rojo, rojo violeta, violeta.

Truco: Utilízalos si quieres conseguir armonía y serenidad en tu mandala.

Colores monocromáticos

Son las gamas de tonalidades que se derivan de un solo color, añadiéndole negro o blanco. Por ejemplo: todos los azules que van del más claro al más oscuro.

Truco: Juega con los colores monocromáticos cuando pretendas que tu creación trasmita cohesión.

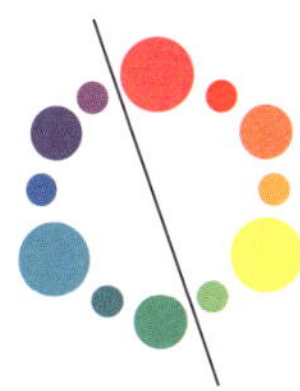

Colores fríos y cálidos

Si dividimos el círculo cromático por la mitad, de arriba abajo, los que se sitúan en la derecha son los cálidos (amarillo, rojo, naranja...) y los que quedan a la izquierda son los fríos (azul, verde, violeta...).

Truco: Los colores cálidos lograrán que tu obra desprenda energía y luminosidad. Los fríos trasmitirán calma y profundidad.

Colores acromáticos

Son los que no tienen una tonalidad. Básicamente se trata del blanco y del negro, y de la escala de grises y marrones.

Truco: Cuando los utilices, escoge muy bien los colores que emplearás a su lado, pues resaltarán o quedarán en un segundo plano.

La energía de los colores

¿Con qué color vas a pintar el mandala? Déjate llevar por tu intuición, que te conducirá a los que necesitas para sanar. De todas formas, cada vez que escojas uno "respíralo". Haz un par de inspiraciones profundas y lentas para sentir su energía y convertir tu elección en un ejercicio de yoga mental.

Violeta
Tiene el poder de trasmutar lo negativo en positivo. También otorga seguridad y conecta con la creatividad y la imaginación. El violeta ayuda a tener posiciones más flexibles en la vida.

Azul
Es el color de la calma y la armonía, nos aporta un talante sereno y calmado ante los problemas. También nos habla de la amistad, la lealtad y la confianza. Pero, en exceso, representa una tristeza que queremos abandonar.

Verde
Es el color de la medicina que necesitamos para superar nuestras heridas emocionales. También trasmite equilibrio y armonía, además de una íntima conexión con la naturaleza. Es útil para controlar los celos.

Amarillo
Representa alegría, felicidad e inteligencia. Ayuda a liberar los miedos internos y a encontrar el modo adecuado de comunicarse con los demás. Pero también puede indicar traición, cobardía o superficialidad.

Rojo
Nos habla de emociones como la pasión, el amor y el orgullo. Es un color que invita a la acción y el movimiento. Pero en exceso también puede convertirse en una expresión de agresividad y violencia.

Rosa
Sirve para manifestar agradecimiento por el amor recibido y ayuda a controlar el resentimiento o la culpa. Es un color muy curativo y bondadoso que equilibra las emociones.

Blanco
Es la tonalidad de la perfección, la pureza, la espiritualidad. Sirve para potenciar los colores que se han pintado a su lado. También puede trasmitir, en exceso, cierta frialdad.

Negro
Es el color de los miedos, de lo que no nos atrevemos a enfrentar, de lo que nos produce incertidumbre. Pero también puede servir para mostrar que necesitamos un tiempo de soledad.

Gris
Denota pasividad, falta de energía y muchas dudas que deberán resolverse. Suele emplearse en momentos de transición o cuando se tiene que tomar una elección rodeada de muchas dudas.

Naranja
Es pura energía. Nos impulsa a un estado dinámico en el que todo es posible, sobre todo los retos creativos relacionados con ideas. También confiere mucha confianza en uno mismo.

Marrón
Es el color de la tierra, por lo que nos invita a anclarnos en ella, a buscar un lugar propio en el que evolucionar. También sirve para que nos sintamos más fuertes.

Dorado
Indica sabiduría, lucidez y espiritualidad. Viene a representar un estado superior de conciencia que alcanzan las personas realmente sensibles que se conocen a sí mismas.

¿Qué mandala escojo?

Lo mejor es dejarse llevar por la intuición pero, dependiendo de tu objetivo, puedes seguir algunas indicaciones.

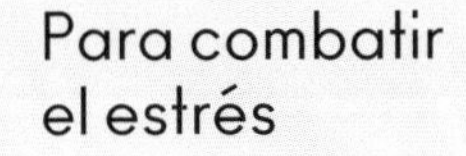

1 Para combatir el estrés

Decántate por uno en el que aparezcan muchas figuras pequeñas.

2 Para animarse

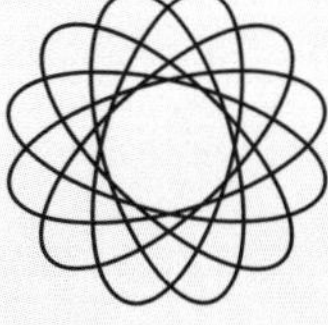

En estos casos es mejor elegir un mandala que tenga muchos círculos en su interior.

3 Para centrarse

Si necesitas tomar decisiones profesionales y notas demasiada dispersión, escoge un mandala con muchas figuras geométricas.

La geometría mística

Los mandalas son el camino que nos conduce al propio centro, lugar donde habita el ser en libertad.

Pema Chodron

Las figuras de los mandalas no son arbitrarias. Contienen la geometría del universo, y cada una tiene un significado propio, que produce un efecto sanador. Escógelos guiándote por tu intuición. Después podrás analizar qué es lo que hay detrás de esa elección. Esto es lo que te aporta cada una de las figuras que constituyen un mandala.

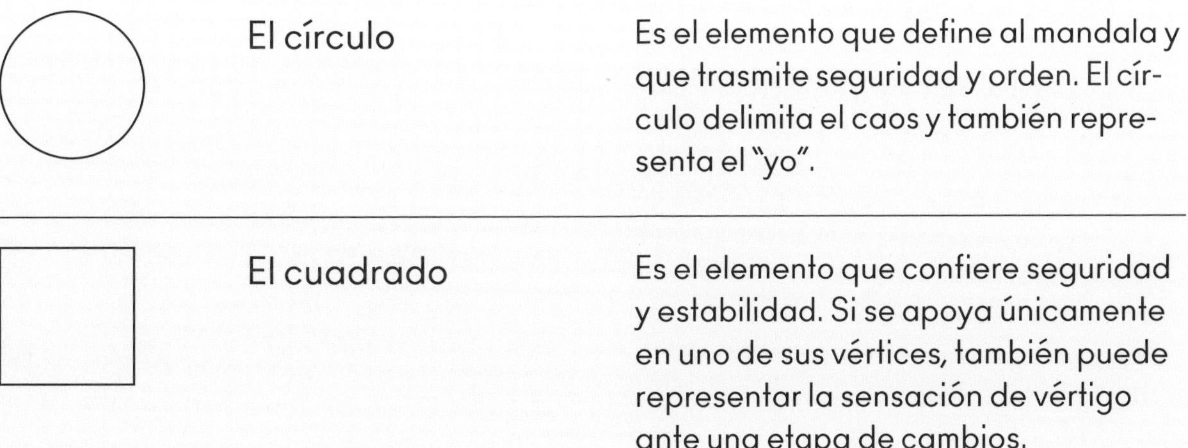

El círculo

Es el elemento que define al mandala y que trasmite seguridad y orden. El círculo delimita el caos y también representa el "yo".

El cuadrado

Es el elemento que confiere seguridad y estabilidad. Si se apoya únicamente en uno de sus vértices, también puede representar la sensación de vértigo ante una etapa de cambios.

Símbolo	Nombre	Significado
	El triángulo	Habla de un proceso de transformación. Si se asienta en un lado y el vértice apunta arriba, suele ser un cambio espiritual. En cambio, si apunta abajo, manifiesta la necesidad de enraizarse en la tierra, de volver a los orígenes.
	La espiral	Representa las energías positivas que nos ayudarán a llevar a cabo los cambios necesarios en nuestra vida.
	La cruz	Es un símbolo que aparece en todas las religiones y que va unido a los cuatro puntos cardinales. Confiere la energía para decidir hacia dónde dirigirse.
	El hexágono	Ayuda a armonizar los contrarios, a emplear energías que parecen opuestas para avanzar.
	La mariposa	Es la representación de la transformación, de la necesidad de abandonar una etapa para adentrarse en otra, que nos permite evolucionar.

Manos a la obra

Empieza el viaje a través de tu respiración y de tus lápices o pinceles. Un viaje que recorrerá 37 preciosas láminas extraíbles de mandalas. Pero antes de empezar toma nota de los trucos que convertirán la sesión de coloreo en yoga mental.

Claves para colorear un mandala

1 Obsérvalo

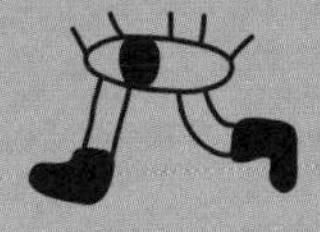

Antes, durante y después de colorear un mandala tienes que tomar distancia para observarlo y respirarlo. Un par de inspiraciones profundas bastarán.

2 Los colores

También tienes que respirar cada color. Inspirar profundamente, aguantar el aire y espirar. El objetivo es sentir la energía de cada uno.

3 Círculos interiores

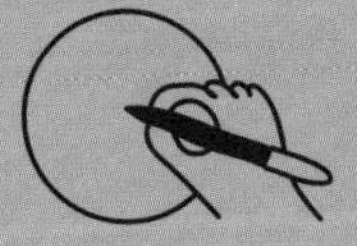

Son más pequeños y para ser más preciso es mejor aspirar el aire mientras se pinta y espirar haciendo una pequeña pausa. Esto también ayuda a que afloren los sentimientos ocultos.

4 Círculos exteriores

Es mejor inspirar antes y colorear mientras espiramos. Estos te guiarán para encontrar la claridad mental.

5 Acábalo

Es necesario que acabes lo que empieces y no lo dejes a medias. ¿Te levantarías en mitad de una sesión de yoga? Pues esto es lo mismo.

Antes

1 Respira

Haz siete inspiraciones lentas de siete segundos, mantén el aire tres segundos y espira con suavidad durante siete segundos. Ahora ya has conectado contigo y puedes empezar.

2 Elige

Respira profundamente como mínimo una vez ante cada mandala que te llame la atención. Algo en ti te dirá si es el que necesitas ahora.

3 Desconecta el móvil

Es muy importante que toda tu concentración esté en el aquí y en el ahora.

4 Iluminación

Combina con una luz adecuada para pintar con una luz indirecta, tal vez de velas.

5 Respira

Para conseguir una experiencia "yogui" podrías ponerte algún mantra. Si lo prefieres, pon música relajante.

Durante

1 Los colores

Déjate guiar por tu instinto a la hora de escoger el que mejor encaja. Con el tiempo las manos irán prácticamente solas.

2 Cuida tu postura

Es muy importante que estés cómodo, pero erguido y en una postura de apertura, que te permita respirar bien.

3 Concéntrate

No hay nada más en el mundo que ese mandala y tú. Si consigues alcanzar ese estado, estarás practicando yoga mental.

4 Elementos pequeños

Muchas veces necesitarás respirar, tomar distancia para distinguirlos. En ese momento alcanzarás un estado superior de relajación.

5 Sin juzgar

Un mandala no está bien o mal.

Después

1 Observa

Tu obra te puede ayudar a meditar. Basta con que la observes, llevando a cabo respiraciones abdominales, y dejes que tu mente se sumerja en sus formas.

2 Decora

Cuélgalos en tu casa. Puedes utilizarlos para meditar o simplemente disfrutar de una obra única e irrepetible.

3 Regálalos

Obsequiar mandalas es un detalle muy bonito, que demuestra que has invertido tiempo en el obsequio que le haces a esa persona especial.

4 Súbelos a las redes

Así podrás compartir tus creaciones. Además, será un contenido refrescante para las redes sociales que siempre muestran lo mismo.

Al pintar un mandala
la mente se organiza,
se estimula y se libera.

Carl Gustav Jung

Te proponemos que, después de pintar un mandala, te animes a practicar las siguientes posturas de yoga (asanas).

Siddhasana

Parvatasana

Parighasana

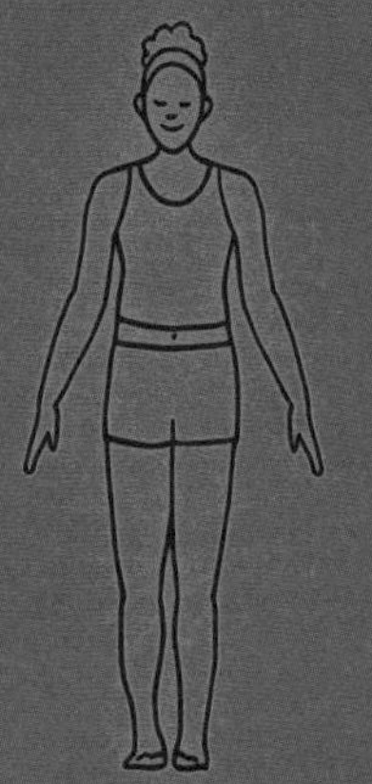

Tadasana

Utthita-Trikonasana

Parivritta-Trikonasana

Utkatasana

Bhujangasana

Adho-Mukha-Shvanasana

Garudasana

Virabhadrasana

Virabhadrasana

Virabhadrasana

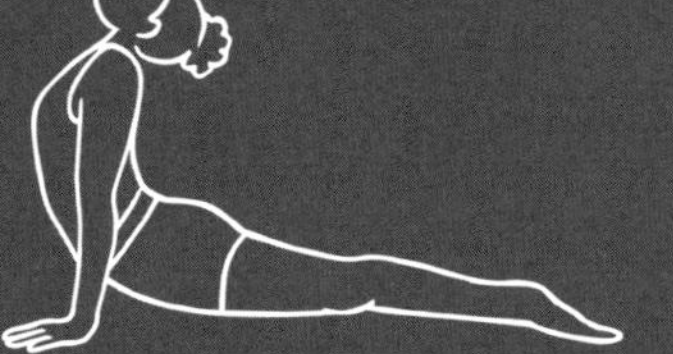

Urdhva-Mukha-Shvanasana

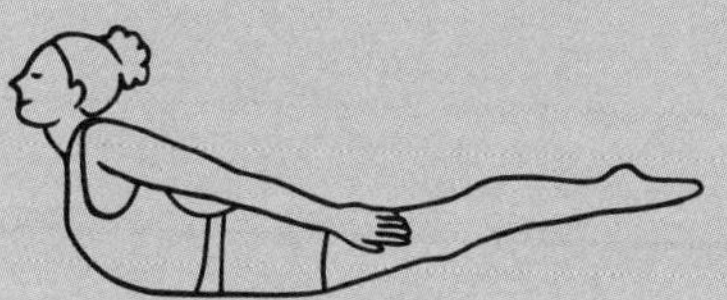

Shalabhasana

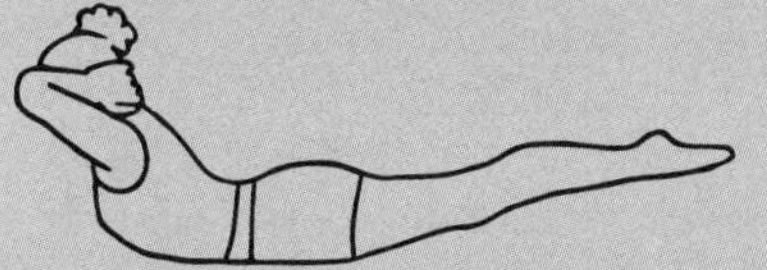

Makarasana

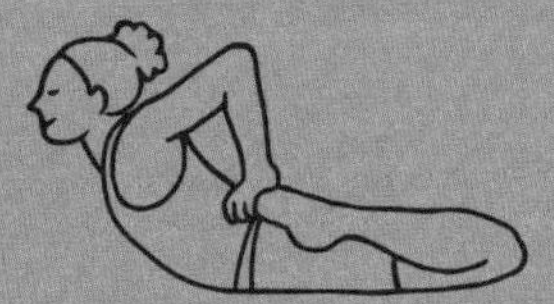

Bhekasana/Mandukasana

Dhanurasana

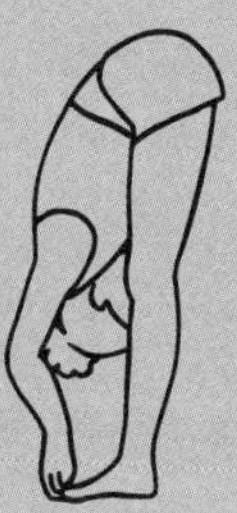

Padangushthasana

Ardha-Chandrasana

Utthita-Parshvakonasana

Prasarita-Padottanasana

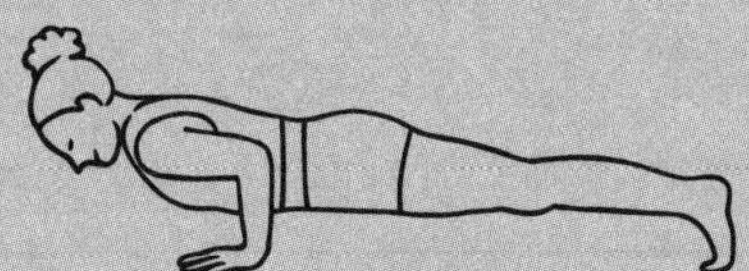

Chaturanga-Dandasana

Parshva-Dhanurasana

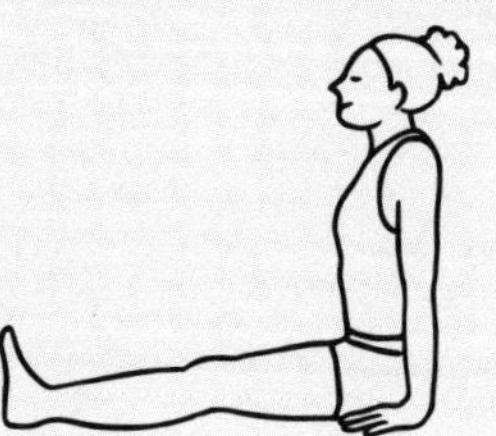

Dandasana

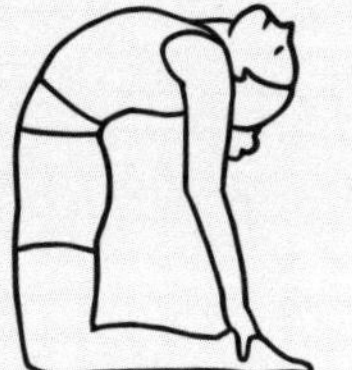

Ushtrasana

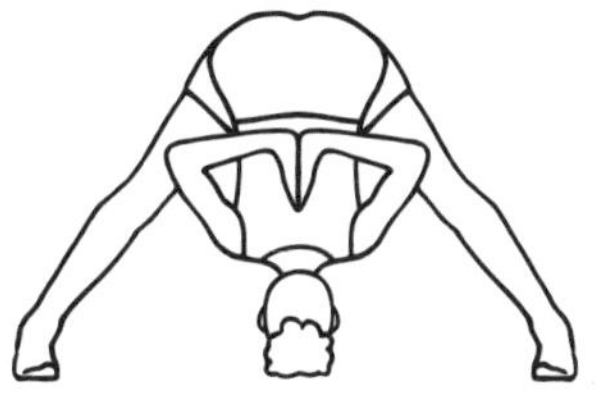

Prasarita-Padottanasana

Vrikshasana

Baddha-Konasana

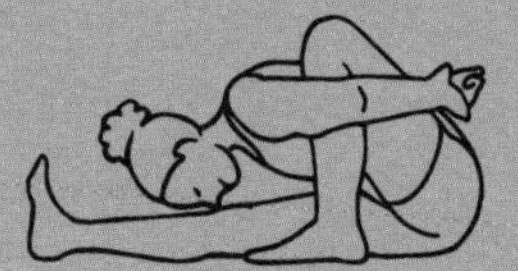

Marichyasana

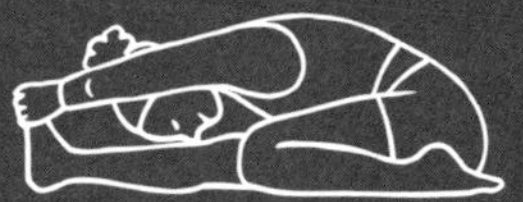

Triang-Mukhaikapada-
Pashchimottanasana

Maha-Mudra

Janu-Shirshasana

Malasana

Dwi-Hasta-Bhujasana

Eka-Hasta-Bhujasana

Bhradvajasana

Bhradvajasana

Paripurna-Navasana

Ubhaya-Padangushthasana

Ardha-Navasana

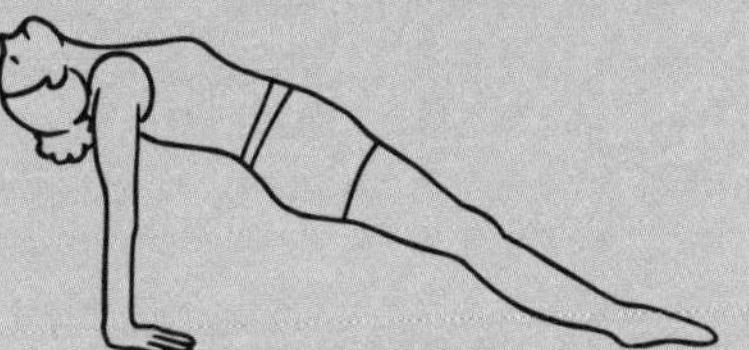

Purvottanasana

Gomukhasana

Supta-Virasana

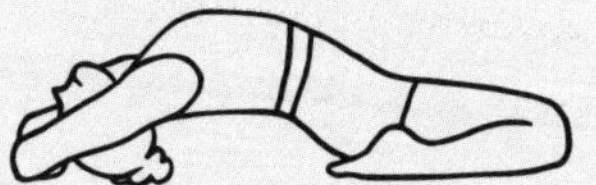

Paryankasana

Urdhva-Prasarita- Padasana

Chakrasana

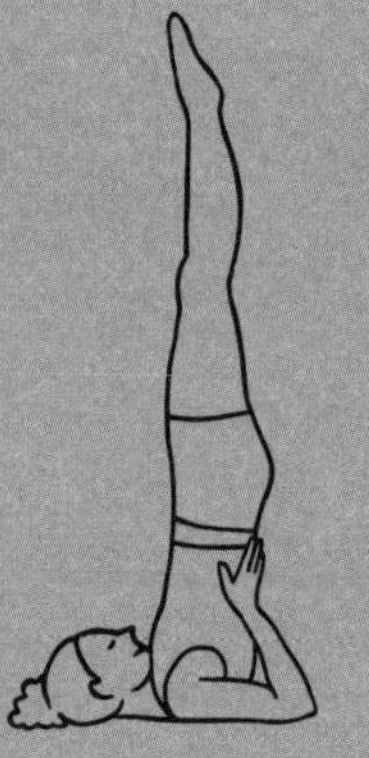

Salamba-Sarvangasana

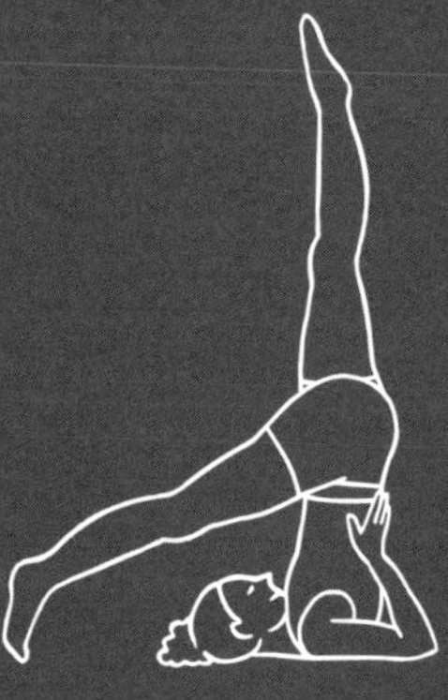

Eka-Pada-Sarvangasana

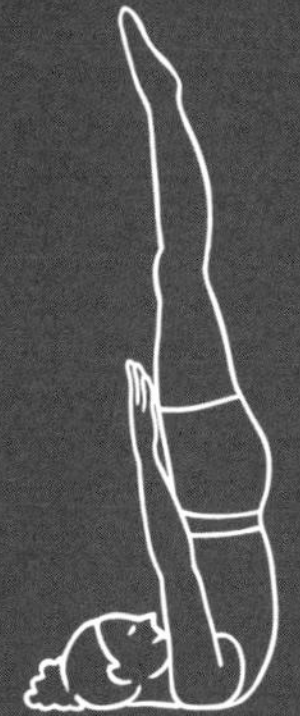

Niralamba-Sarvangasana

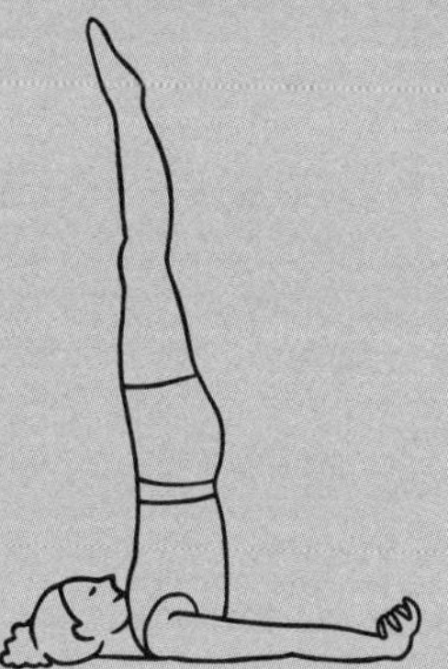

Salamba-Sarvangasana

Niralamba-Sarvangasana

Halasana

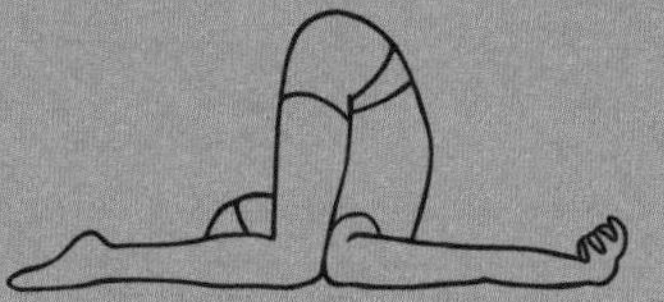

Karnapidasana

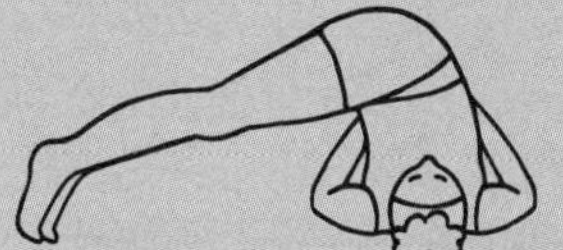

Parshva-Halasana

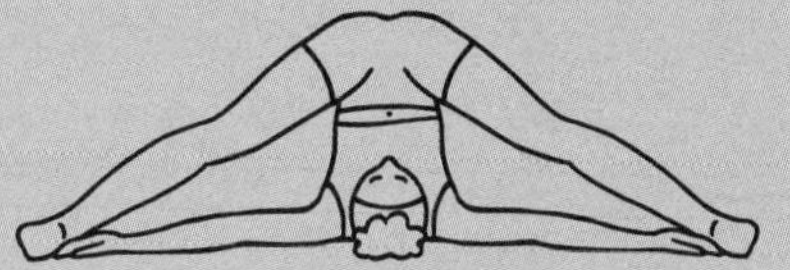

Supta-Konasana

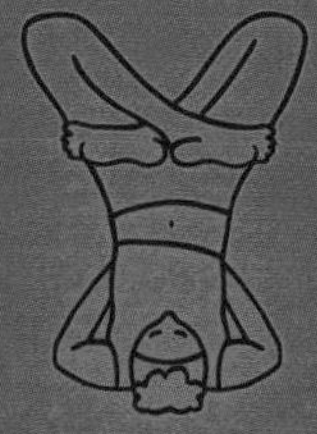

Urdhva-Padmasana
en Sarvangasana

Pindasana en
Sarvangasana

Jathara Parivartanasana

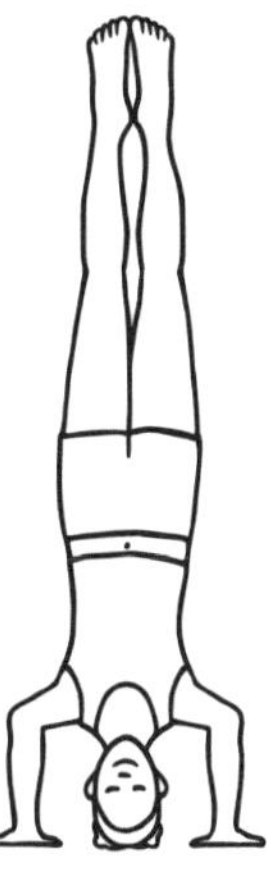

Salamba-Shirshasana

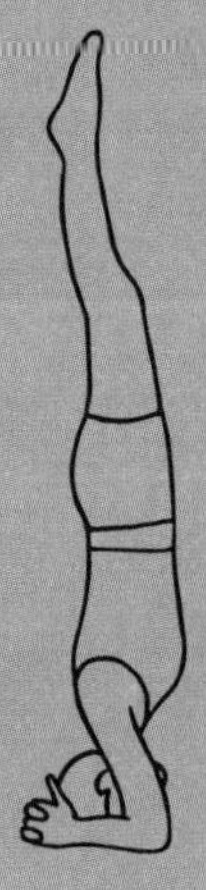

Salamba-Shirshasana

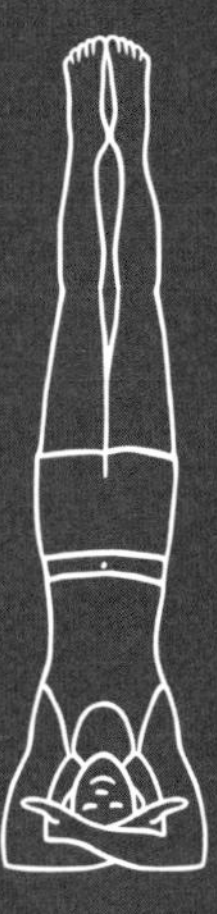

Baddha-Hasta-Shirshasana

Shavasana

El yoga es la práctica
de silenciar la mente.

Patanjali